DER
RECHTSSCHUTZ
AN
WERKEN DER BILDENDEN KÜNSTE.

EINE DENKSCHRIFT

IM NAMEN DER DEUTSCHEN KUNSTGENOSSENSCHAFT

VON

DR. FRIEDRICH JULIUS KÜHNS,
Docent in der jurist. Facultät der Berliner Friedr.-Wilhelms-Universität.

BERLIN, 1861.
VERLAG VON J. GUTTENTAG.

§. 1.

Vorbemerkung.

Das Recht des Urhebers gegen Nachdruck und Nachbildung seines Werkes verdankt die gesetzliche Anerkennung die es gegenwärtig wenigstens dem Principe nach in Deutschland gefunden hat hauptsächlich den in dieser Beziehung sehr hervortretenden und drängenden Interessen der Literatur. Denn erst durch die Erfindung der Buchdruckerkunst wurde ein ausgedehntes Bedürfniss nach Mittheilung literarischer Werke und somit das industrielle Gewerbe des Buchhandels hervorgerufen. Die schnell entstehende grosse Anzahl von Druckern, Buchhändlern und Schriftstellern fand sich durch den Nachdruck auf das Empfindlichste in ihrer Thätigkeit verletzt und mit tausendfachen, stets dringender und lauter erhobenen Klagen suchten dieselben schon unter dem deutschen Reiche bei der kaiserlichen wie bei den landesherrlichen Regierungen anfangs einen privilegiarischen, dann aber gesetzlichen Schutz zu erlangen. So war es der Buchhandel, aber auch nur der Buchhandel, zu dessen Gunsten in den Wahlcapitulationen von Leopold II. und Franz II. zugesagt wurde dass ein Reichsgutachten über völlige Unterdrückung des Nachdruckes erfordert werden solle*). In gleicher Weise geschah es durch eine vorwiegend aus Buchhändlern bestehende Commission**), dass beim Wiener Congresse eine durchgreifende allgemeine Gesetzgebung gegen den Büchernachdruck in Antrag gebracht, und demzufolge in dem Art. 18 der deutschen Bundesacte „gleichförmige Verfügungen über die Sicherstellung der Rechte der Schriftsteller und Verleger gegen den Nachdruck" in Aussicht gestellt wurden.

Im Zusammenhange damit steht der Geist fast aller particularen Gesetzgebungen der oft bis in das zweite und dritte Decennium unseres Jahrhunderts hinein nur den Schutz des literarischen Autorenrechtes in's Auge fasst***). Dieser einseitigen Richtung gegenüber bedeutet

---

*) Wahlcap. Leopolds II. art. VII. §. 1 (ed. Crome 1791) und Ganz, Uebersicht der Gründe wegen des Strafbaren des Büchernachdrucks und Vorschläge, wie diesem Uebel durch ein allgemein verbindliches Reichsgrundgesetz vorgebeugt werden könne. Regensburg 1790.

**) Es waren nämlich: Der Legationsrath Dr. F. Justus Bertuch aus Weimar, Dr. Joh. Georg Cotta aus Stuttgart, Joh. Friedr. Hartknoch aus Leipzig, Paul Gotth. Kummer aus Leipzig, C. Friedr. Enoch Richter aus Leipzig.

***) Vgl. badisches Landr. v. 1810 B. II. Tit. II. Cap. 6 §. 577 d. a — h.; in Hessen-Cassel Verordn. v. 16. Mai 1829; in Lippe-Detmold Verordn. v. 18. December 1827; in Luxemburg arrêté v. 23. September 1814, publiciert am 3. August 1815; in Nassau Edict v. 4. und 5. Mai 1814; in Reuss

es nicht viel, dass in manchen Ländern schon früher auf den Rechtsschutz von Kupferstichen, Lithographieen, Landkarten und sonstigen Zeichnungen Rücksicht genommen worden.*)

Erst seit dem Bundesbeschlusse vom 9. November 1837 ist der Schutz des Urheberrechts auch auf Werke der Kunst im Allgemeinen ausgedehnt und demnach auch in den betreffenden particularen Gesetzen herrschend geworden. Aber auch jetzt ist die Vernachlässigung des künstlerischen Autorrechtes keineswegs verschwunden. Die fast beiläufige Behandlung desselben zeigt sich schon systematisch, indem einerseits in den ausführlicheren organischen Gesetzen nur gewisse, für den literarischen Rechtsschutz gegebene Bestimmungen auf den artistischen Verkehr übertragen zu werden pflegen, dagegen andrerseits mannigfache Einschränkungen, formale Beschwerungen und rein positive Verlustgründe des an Werken der bildenden Künste bestehenden Urheberrechtes

---

j. Linie Verordn. v. 24. December 1827; in Sachsen-Altenburg Ges. v. 1. December 1827 und 9. Januar 1828; in Würtemberg Ges. v. 22. Juli 1836.

*) Vgl. in Preussen §. 997 A. L. R. I. 11; in Anhalt-Cöthen Mand. v. 23. December 1828 ad 1; in Anhalt-Dessau §. 8 der Verordn. v. 15./24. November 1827; in Hessen-Darmstadt Art. 1 des Ges. v. 23. September 1830; in Oesterreich §. 1171 des allg. bürg. Ges.-B., in Sachsen-Coburg-Gotha §. 1 der Verordn. v. 18. September 1828; in Sachsen-Meiningen-Hildburghausen Art. 1 der Verordn. v. 7. Mai 1829; in Sachsen Mand. v. 27. Februar 1686.

vorgeschrieben sind. Längst ist in den betheiligten Kreisen diese rechtliche Zurücksetzung der künstlerischen Interessen auf das Lebhafteste empfunden worden, und wahrlich nicht der Mangel dringender Wünsche nach Abhilfe war es, der bisher eine energische, gesetzmässige Opposition gegen die bestehende Gesetzgebung unterbleiben, oder verhältnissmässig doch nur wenig laut werden liess. Vergebens hoffte man dass die Regierungen eine bessere Einsicht von dem Wesen und den Bedürfnissen des Verkehres mit künstlerischen Productionen gewinnen und demgemäss eine Ausdehnung des all zu enge vorgeschriebenen Rechtsschutzes veranlassen würden. Und dennoch sind die Missstände nicht schwer zu erkennen die unter der Herrschaft des gegenwärtigen Rechts entstanden.

Das Unternehmen durch Vervielfältigung eines Werkes der Kunst einen Gewinn ziehen zu wollen ist stets, selbst bei der höchsten Ausdehnung des Rechtsschutzes ein sehr gewagtes. Hohe, viel höhere Vervielfältigungskosten als bei literarischen Erzeugnissen, die Gefahr ungünstiger Handelsconjuncturen die das Kunstwerk als einen Luxusartikel auf das Empfindlichste zu treffen pflegen, unerwartete Theilnahmlosigkeit des Publikums sind hinreichende und mächtige Gründe den Absatz selbst der würdigsten Werke unmöglich zu machen. Um so weniger ist es gerechtfertigt, die ohnehin grossen Schwierigkeiten des artistischen Verkehres durch Rechtsvorschriften zu erhöhen welche in mehr oder weniger häufigen Fällen den Rechtsschutz versagen und damit die gefährliche, unbefugte Concurrenz der Nachbildung wach rufen. Es mag hier nicht von der Buntscheckigkeit des in den verschiedenen Bundesländern geltenden Rechtes geredet werden vermöge deren in dem einen Lande diese, in dem anderen jene Formalitäten erfordert, in dem einen in diesem, in dem anderen in jenem Falle der Rechtsschutz völlig ausgeschlossen wird. Zu enge und zu precär ist die Rechtssicherheit in Deutschland überall. In Preussen z. B., einem für den artistischen Verkehr besonders wichtigen Lande, wird der Schutz gegen Nachbildung von der Beobachtung gewisser, rechtzeitig vorzunehmender Förmlichkeiten abhängig gemacht. Wer es bis zur ersten Veräusserung eines Exemplares versäumt, das Werk beim Cultusministerium unter Beilegung einer Beschreibung anzumelden, verliert sein Urheberrecht für alle Zeit ohne dass irgend ein noch so entschuldbarer Grund der Versäumniss z. B. Krankheit u. dergl. gegen diesen Nachtheil Sicherung gewährte. Dadurch sind von Hause aus alle Werke die erst nach ihrer Veräusserung (was sehr häufig vorkommt) in Folge des nunmehr entstehenden Beifalls vom Künstler vervielfältigt werden sollten, der Nachbildung vollkommen preisgegeben. Aber auch rechtzeitige Anmeldung schützt gerade gegen die gewöhnlichsten und verbreitetsten Arten der Nachbildung durch Manufactur, Fabriken oder Handwerke nicht. Jedes Kunstwerk kann in Preussen auf sg. Gebrauchsgegenständen z. B. eine Gruppe auf einer Pendule nachgebildet werden und es versteht sich von selbst, dass Originale die selbst einen Gebrauchsgegenstand darstellen, in keiner Weise sich eines Rechtschutzes erfreuen. —

Auch abgesehen von diesen peinlichen Rechtsschranken wird in den meisten Landesgesetzgebungen die casuistische Rechtsanwendung grossen Zweifeln ausgesetzt die den Rechtsschutz selbst da illusorisch machen, wo er dem gesetzlichen Prinzipe nach im Allgemeinen statthaft wäre.

Oft sollen nur Kunstwerke geschützt werden und diese subtilste, nach allgemeinen Criterien gar nicht lösbare Frage wird wenigstens in Ländern die der artistischen Sachverständigen Vereine entbehren, oft in die Hand von Juristen gelegt. In fast allen Gesetzgebungen ist unter dem Vorgange der Bundesbeschlüsse in unglückseliger Analogie mit dem literarischen Nachdrucke nur die mechanische Nachbildung eines Kunstwerkes verboten und damit der Schutz gegen unbefugtes Copieren mindestens zweifelhaft gemacht.

Das gegenwärtige Recht also nicht stark genug (da es immerhin einen Rechtsschutz ausspricht) den artistischen Verkehr völlig zu ertödten, reicht doch gerade aus durch allerlei Fesseln und Ausnahmen den wirklichen Flor desselben gründlich zu verhindern. Verhältnissmässig selten lässt sich ein Künstler zu der Vervielfältigung seines Werkes herbei, die Kunst führt ein einsames, von der Menge wenig beachtetes Leben und Werke die durch Verbreitung in Tausenden von Exemplaren Freude und Schönheitssinn in die fernsten Gegenden tragen könnten, bleiben oft der ausschliessliche Besitz eines oder weniger begüterter Kunstliebhaber.

Der völlige Verfall einer einheimischen Kunstindustrie hat eine Herrschaft derartiger französischer Producte auf den deutschen Märkten herbeigeführt die an sich, als aus einer fremdländischen Bildung stammend, nichts Wünschenswerthes ist und überdies, da es im Allgemeinen frei steht, französiche Originale nachzubilden, eine plumpe, nur die Billigkeit, nicht die Schönheit der Nachbildung bezweckende Industrie hervorgerufen hat.

In dem Gefühle dieser drückenden Zustände hat die deutsche Kunstgenossenschaft (ein seit mehreren Jahren bestehender Verein deutscher Künstler zur Förderung aller künstlerischen Interessen) am 7. August 1860 zu Düsseldorf einen Beschluss gefasst, lautend auf

Schutz des im Inlande wie im Auslande erschienenen Kunstwerks und dessen Vervielfältigungen gegen jede Art von Nachbildung ohne alle erschwerenden Bedingungen.

Zur genaueren Ausführung desselben sind mehrere besondere Commissionen, namentlich zu München und zu Berlin mit der Förderung dieser Angelegenheit betraut worden von denen eine Reihe das genauere Detail betreffender Beschlüsse ausgegangen ist. Auf Veranlassung dieser Commissionsbeschlüsse ist auch die gegenwärtige Denkschrift entstanden die in ihren weiteren Erörterungen nicht bloss die Meinung ihres persönlichen Verfassers ausspricht, sondern auch die der deutschen Kunstgenossenschaft und der durch sie vertretenen Künstler. Die Aufgabe der nachfolgenden Zeilen soll es sein, die besonderen Interessen der bildenden Künste und ihre Vereinbarkeit mit dem Wesen des Urheberrechtes und mit dem allgemeinen Geiste der Gesetzgebung darzuthun. Je weniger die Stimme eines einzelnen Mannes, sondern vielmehr die eines ausgedehnten Kreises von deutschen Staatsangehörigen in gegenwärtiger Schrift sich vernehmen lässt, je mehr die Stelle von der die vorzutragenden Wünsche ausgehen eine grosse Erfahrung in allen Sachen der bildenden Künste verbürgen, in um so höherem Grade wird die Hoffnung gehegt werden dürfen bei allen einsichtsvollen und gerecht denkenden Männern, namentlich aber an maassgebendem Orte bei den Regierungen eine sehr unparteiische, sehr aufmerksame Prüfung und Berücksichtigung zu finden.

Noch eine besondere Veranlassung ist vorhanden mit den gegenwärtigen Ausführungen gerade jetzt hervorzutreten. In diesem Jahre ist von vielen preussischen Künstlern eine Petition an das preussische Abgeordnetenhaus um Aufhebung der §§. 25 und 27. 28 des Gesetzes vom 11. Juni 1837 gerichtet worden welche einestheils Beseitigung bestehender Formvorschriften, anderntheils die Einführung eines Schutzes gegen Nachbildungen durch Fabriken Manufacturen und Handwerke bezweckte. In der Sitzung des Abgeordnetenhauses vom 5. Juni 1861 (Stenogr. Ber. S. 1653) hat der Regierungs-Commissar diesen Anträgen gegenüber erklärt:

„Die Staatsregierung kann die Angriffe gegen das Gesetz vom 11. Juni 1837 nicht als begründet anerkennen, sie verzichtet aber im gegenwärtigen Augenblicke darauf, dieselben zurückzuweisen, indem sie sich darauf verlässt, dass nach dem Antrage der Commission zur Tagesordnung werde übergegangen werden."

„In Bezug auf die von dem ersten Herrn Redner (Abg. Veit) in Anregung gebrachte Frage, in wieweit Aussicht vorhanden sei, ein allgemeines deutsches Gesetz zum Schutze der Autorenrechte emaniert zu sehen, bin ich ermächtigt die Erklärung abzugeben dass Verhandlungen über die Herbeiführung eines solchen Gesetzes schweben. Welchen Erfolg sie haben werden und ob dies ein erwünschter sein wird, lässt sich natürlich noch nicht bestimmen. Es wird indessen darin kein Grund gefunden werden können, die vorliegende Petition der Staatsregierung etwa zur Berücksichtigung, oder als Material bei der in Aussicht genommenen Berathung zu überweisen, da die darin niedergelegten Wünsche anderweitig längst zur Kenntniss der Staatsregierung gelangt sind und sie sich einer sorgfältigen Erwägung derselben nicht entziehen wird."

„Erwägen Sie nun dass dergleichen Verhandlungen mit Frankreich über den Abschluss auch einer convention littéraire schon ziemlich weit gediehen und dabei vorzugsweise die Bestimmungen unseres Gesetzes zu Grunde gelegt sind, so werden Sie damit einverstanden sein, dass gegenwärtig gewiss nicht der geeignete Moment ist Anträgen, wie sie die Petenten stellen, Folge zu geben resp. der Staatsregierung deren Erwägung als dringend zu empfehlen."

Es wird mit grossem Danke entgegengenommen, dass

ein gemeinsames deutsches Gesetz und ein Staatsvertrag mit Frankreich über das Urheberrecht angestrebt werden soll. Bei so wichtigen gesetzgeberischen und diplomatischen Vorgängen scheint laute Bezeugung der gehegten Erwartungen eine unabweisbare Pflicht. Und das um so mehr, als aus der angezogenen officiellen Erklärung der preussischen Staatsregierung Anzeichen einer den künstlerischen Interessen nicht gerade günstigen Meinung hervorgehen. Wie schon bemerkt, betrifft jene Erklärung eine Petition deren auf Beseitigung von Formalitäten und Beseitigung der Schutzlosigkeit gegen industrielle Nachbildung gerichtete Anträge mit mehreren der auch an diesem Orte vertheidigten Punkte zusammenfallen. Nach eben jener Erklärung sind die Wünsche der petitionierenden Künstler der Regierung längst bekannt und gleichwol kann sie die aus denselben hervorgehenden Angriffe gegen das betreffende preussische Gesetz als begründet nicht anerkennen. Die aus jenen Angriffen hergeleiteten Anträge um Aufhebung der §§. 25 und 27. 28 l. c. wünscht die Regierung unter Empfehlung der Tagesordnung nicht nur nicht zur Berücksichtigung, sondern die Petition selbst nicht einmal „als Material bei der in Aussicht genommenen Berathung“ überwiesen, oder „zur Erwägung dringend empfohlen“ zu sehen. Bei so sorgfältiger, fast eifriger Verwahrung gegen eine mit dieser Denkschrift verwandte Petition ist es schwer, die oben ausgesprochene Befürchtung von sich fern zu halten. Nichts wäre dringender zu wünschen als eine solche Vermuthung sich als vollkommen irrig erweisen zu sehen.

Möchte die Regierung, treu den Traditionen früherer Politik, sich mit Einsicht und warmer Theilnahme der Förderung und Sicherung so wichtiger und edler Interessen hingeben. Jedenfalls aber ist die Anbahnung eines gemeinsamen Gesetzes über das Urheberrecht mit möglichster Energie dem Ziele entgegenzuführen, damit nicht, wie bei dem von der sächsischen Regierung im Jahre 1857 veranlassten, vom Leipziger Börsenverein beschlossenen Entwurf eines gleichartigen Gesetzes geschehen ist, unter der Angabe ungünstiger Zeitverhältnisse ein unvermutheter Stillstand eintrete.

§. 2.
Wesen und Inhalt des Rechtes an Werken der bildenden Künste.

Es ist oben angedeutet worden, dass die künstlerischen Interessen mit dem Wesen des Urheberrechtes und mit dem Geiste der betreffenden Gesetzgebung sehr wol vereinbar seien. Zu diesem Zwecke wird eine Entwickelung des geltenden Begriffes von jenem Rechte und eine eingehende Darlegung seines Inhaltes nicht vermieden werden können. Freilich ist hier nicht der Ort sich auf den philosophisch-juristischen Streit über den absoluten und letzten Grund des Urheberrechtes einzulassen. Es genügt zunächst, dass namentlich seit dem Jahre 1837 die Bundes- wie die Landesgesetzgebungen ein ausschliessliches Recht des Künstlers an seinem Werke gegen unbefugte Vervielfältigung anerkannt haben. Aber weil aus jenem gesetzlichen Principe neue bisher noch gar nicht, oder nicht durchweg anerkannte Folgerungen gezogen werden sollen, so ist eine genauere, auf das Wesen der Sache gestützte Erörterung über Inhalt und Absicht jener Rechtsregel nicht zu unterlassen.

Es ist die Pflicht und das Interesse des Staates, die im Volke ruhenden Kräfte zu wecken und zu fördern. Da erfahrungsgemäss das ungebildete, geistig regungslose Volk nicht bloss in intellectueller und moralischer, sondern auch in wirthschaftlicher Beziehung als armselig und hilflos erscheint, so hat der Staat den Geist seines Volkes von den Banden der Unwissenheit, das Gefühl desselben von Rohheit und Barbarei zu befreien. Hiefür gibt es kein anderes Mittel, als möglichst lebhafte und ausgedehnte Mittheilung von Gedanken, sei es dass dieselben sich vorwiegend, wie Werke der Literatur, an das Denkvermögen wenden, sei es dass sie, wie die Werke der Kunst, hauptsächlich auf die Empfindungen der menschlichen Seele einwirken. Diese Mittheilung von Werken der Kunst also (denn auf diese kommt es hier besonders an) hat der Staat vermöge seines Berufes wach zu erhalten. Einerseits bedarf es hiezu einer reichen, im Volke lebendigen Production von Kunstwerken; aber nicht sowol hierauf legt der Staat das Hauptgewicht, denn würden die Werke an unzugänglichen Orten vor den Blicken der Menge verborgen gehalten, so hat die Existenz selbst der höchsten Kunstschätze für das Volk und somit auch für den Staat keinen Werth. Erst durch die Mittheilung wird das Kunstwerk für die Erziehung des

Volkes fruchtbar, diese Mittheilung ist es, welche der Ermunterung und rechtlichen Sicherung bedarf, und nur weil eben sie ohne reiche Entfaltung der producierenden künstlerischen Kräfte nicht bestehen kann, ist auch die Production von Kunstwerken selbst eines besonderen Schutzes, einer besonderen Gunst theilhaftig zu machen.

Eine vorzugsweise wirksame Art der Mittheilung von Kunstwerken ist die Vervielfältigung und der Absatz derselben. Sofern nun der Künstler entweder in eigener Person, oder durch einen Verleger diesen Weg der Mittheilung beschreitet, erscheint die ganze auf Erfindung und originale Darstellung des Kunstwerkes gerichtete Thätigkeit als ein Theil der Opfer die überhaupt zur Herstellung der abzusetzenden Exemplare erforderlich waren. Der Preis jedes einzelnen von diesen Letzteren ist daher so hoch, als ausser den einfachen Vervielfältigungskosten auch zur Deckung der Kosten bei Erfindung und Herstellung des Originalkunstwerks ausreicht und überdies noch einen Gewinn abwirft.

Bei diesem Vertriebe von Exemplaren kann es aber geschehen, dass dritte Personen durch Nachbildung in demselben Handelsartikel eine nothwendig für sie vortheilhaftere Concurrenz eröffnen. Denn bei Hervorbringung der nachgebildeten Exemplare ersparen sie die sämtlichen, meist höchst bedeutenden Kosten für das Original und sind somit in der Lage zu viel billigeren Bedingungen und deshalb mit Hoffnung auf weit grösseren Gewinn ihre Waaren zum Kaufe anzubieten. Demnach wird bei allgemeiner Nachbildungsfreiheit (die allerdings zunächst aus der persönlichen Freiheit fliesst) der erste Unternehmer durch derartige Concurrenz stets genöthigt wegen seines höheren Preises entweder gar nicht, oder nur mit Schaden zu verkaufen; er wird wegen der drohenden Gefahr unbefugter Nachbildung das Unternehmen der Vervielfältigung überhaupt unterlassen und somit entmuthigt, ohne Hoffnung auf irgend einen Gewinn auch von der Production derartiger Kunstwerke sich fern halten. Hier ist es, wo der Staat entscheidend einzutreten hat. Zwar wird anfangs durch die unbefugte Nachbildung eine dem öffentlichen Interesse entsprechende, starke Verbreitung der betreffenden Arbeiten bewirkt, aber der ertödtende Einfluss den eine derartige Nachbildungsindustrie auf die Thätigkeit der Originalunternehmer überhaupt ausübt, ist der Grund für das Verbot das der Staat gegen sie auszusprechen hat. In der That unterstützt auch das innere Gerechtigkeitsgefühl dieses zunächst aus Nützlichkeitszwecken gegebene Verbot, weil in jedem Falle Derjenige, welcher ein Kunstwerk nachbildet, dem Originalunternehmer gegenüber einen ungerechtfertigten Vortheil geniesst. Denn nur weil der Letztere keine Mühe und Auslagen bei der selbständigen Production seines Werkes gescheut hat, entsteht bei der Nachbildung die unverhältnissmässige, völlig unverdiente Ersparniss von Kosten die niemals einen Grund für die Beeinträchtigung des Originalunternehmers bilden darf.

Im Verhältnisse zu einander concurrieren der Producent des Originals und der Unternehmer der Nachbildung in demselben Handelsartikel, des Letzteren unbefugte, ungerechtfertigte Concurrenz soll ausgeschlossen, der Gewinn des Ersteren so viel als möglich gesichert werden. Vermögensinteresse ist der Trieb der im Allgemeinen, abgesehen von besonderen Fällen, den Künstler zu dem immerhin gewagten Vervielfältigungsgeschäfte bewegt, Vermögensinteresse also auch der wahre Grund des gesetzlichen Nachbildungsverbotes.

Dies hat die Berliner Commission der deutschen Kunstgenossenschaft ausdrücklich anerkannt in dem Beschlusse:

> Der Nachtheil der dem Urheber in Beziehung auf den Gewinn erwächst ist der entscheidende Grund Nachbildung und Vervielfältigung zu verbieten.

oder, wie es in nur scheinbar abweichender Fassung die Münchener Commission ausdrückt:

> §. 1. Der Gedanke eines Kunstwerkes vereint mit der Art seiner Ausführung ist absolutes Eigenthum des Urhebers und als solches unantastbar.
>
> §. 2. Derselbe ist an und für sich Werthgegenstand und an kein körperliches Object gebunden.*)

---

*) Es versteht sich von selbst, dass diese von Nichtjuristen gefassten Beschlüsse in die besondere juristische Terminologie nicht immer passen können. Dass aber hier die vermögensrechtliche Natur des Urheberrechtes hervorgehoben werden soll, springt in die Augen.

Auch in den Gesetzgebungen ist dieser vermögensrechtliche Character des Urheberrechtes theils ausdrücklich ausgesprochen, theils wenigstens nicht ausgeschlossen. Der Bundesbeschluss vom 9. November 1837 Art. 1 zwar, das preussische Gesetz vom 11. Juni 1837 §. 1 u. A. sprechen nur das nackte Verbot unbefugter Vervielfältigung aus. Dass aber auch hier das Vermögensinteresse als das vorwaltende angesehen wird lehrt die z. B. im Art. 4 des genannten Bundesbeschlusses und § 10 f. des preuss. Gesetzes neben der Geldbusse oder Strafconfiscation vorgeschriebene Entschädigungspflicht Dessen, der das Urheberrecht verletzt. Offenbar wird im Allgemeinen das Vorhandensein eines Schadens angenommen. Dagegen hebt namentlich das sächsische Gesetz vom 22. Februar 1844 §. 1 hervor dass das Recht Werke der Kunst auf mechanischem Wege ausschliesslich zu vervielfältigen ein Vermögensrecht sei und dass die Werke welche derartigen Schutz erfahren, zum Gelderwerbe sollen benutzt werden können und dazu auch bestimmt sind. In Oesterreich wird wol derselbe Gedanke in freilich unbestimmterer Weise durch Annahme eines Eigenthums ausgesprochen das der Urheber an dem von ihm verfertigten Kunstwerke hat, als dessen Inhalt das ausschliessliche Vervielfältigungsrecht angegeben wird. (§§. 1. 2 des Ges. vom 19. October 1846.)

Dennoch wird man sich nicht dafür erklären können, die anzuerkennende vermögensrechtliche Grundlage des Urheberrechtes zur ausgesprochenen Voraussetzung jedes einzelnen desfallsigen Rechtsanspruches zu machen. Namentlich ist die vom sächsischen Gesetze gewählte Formulirung besonders gefährlich durch Auferlegung des offenbar unter Umständen sehr schwierigen Beweises dass das betreffende Werk zu einem Gelderwerbe benutzt werden könne und dazu auch bestimmt sei. Als massgebend erscheint vielmehr die Rücksicht dass der Urheber eines Werkes rechtlich in der völligen Freiheit erhalten werden muss, wann und wie er die künftige Vervielfältigung ins Werk richten wolle. Selbst die vor seiner eigenen Vervielfältigung entstandene Nachbildung schliesst er aus, weil ihm dadurch offenbar die Chancen für sein späteres Unternehmen verschlechtert werden. Daraus aber, dass der Künstler die Vervielfältigung bis zu einem bestimmten Zeitpunkte noch nicht begonnen habe, lässt sich kein Schluss ziehen dass er es überhaupt nicht wolle. Sogar wenn derselbe ohne Erklärung oder Ausführung jener Absicht gestorben wäre, würde während der Dauer des Urheberrechts den Erben keinerlei Präjudiz erwachsen. Ebensowenig lässt sich aus der Natur der Arbeit die Unmöglichkeit eines Gelderwerbs durch ihre Vervielfältigung herleiten.. Schon die Entstehung einer Nachbildung an sich reicht zur Widerlegung derartiger Annahmen aus. Ueberdies aber kann bei der steten Wandelung des Geschmackes und der Bedürfnisse niemals bei einem Werke absolut die Unmöglichkeit eines gewinnbringenden Absatzes behauptet werden. Was bisher fremd, werthlos erschien kann in wenigen Monaten hohe lucrative Fähigkeit erlangen.

Durch die Entstehung des Originalwerkes wird also

das Recht gegen unbefugte Nachbildung erworben. Es ist ein an und für sich bestehendes Vermögensrecht das durch jedwede Nachbildung verletzt wird, gleichviel ob oder wann der Urheber dasselbe ausbeuten wollte. Wer eine fremde Sache wegnimmt verletzt das fremde Eigenthum nicht weniger, wenn die Sache beim Eigenthümer müssig und unbenutzt lag, als wenn sie einem wichtigen und beabsichtigten Gebrauche dienen sollte.

§. 3.
Ausübung des Rechtes an Werken der bildenden Künste (Formalien).

Wie immer man auch über die innere juristische Natur des Urheberrechtes denken mag, so viel steht wissenschaftlich fest und ist auch in allen deutschen Gesetzgebungen anerkannt, dass der Urheber von dem Augenblicke wo er sein Werk begann in dem Besitze des Ausschliessungsrechtes gegen unbefugte Nachbildungen ist. Gleichwol werden in den verschiedenen deutschen Ländern sehr verschiedene Formvorschriften gegeben, deren Beobachtung für die Geltendmachung des an sich schon zustehenden Urheberrechtes in höherem oder geringerem Grade unerlässlich sein soll. Der Bundesbeschluss vom 19. Juni 1845 §. 3 lässt den Landesgesetzgebungen die Anordnung derartiger Formalien frei, indem er für den Rechtsschutz im ganzen Bundesgebiete die Beobachtung der am Erscheinungsorte vorgeschriebenen Förmlichkeiten für genügend erklärt. In den Ländern wo man sich auf die Publication der Bundesbeschlüsse beschränkt hat, ist die Ausübung des Urheberrechtes von keinen besonderen Förmlichkeiten abhängig. Nach vielen anderen particulären Gesetzen ist dies jedoch der Fall, und zwar lassen sich in dieser Beziehung drei verschiedene Gruppen unterscheiden.

In Baiern*) und Luxemburg**) wird zur Anstellung jeder Klage wegen Nachbildung die Ablieferung einer gewissen Anzahl von Exemplaren (in Baiern 2, in Luxemburg 3) an die öffentliche Behörde (in Baiern an das Ministerium des Innern, in Luxemburg an die administration communale) erfordert. Auch Hamburg ist dem Principe nach diesem Grundsatze beigetreten, indem es, um den gesetzlichen Schutz in Anspruch zu nehmen, die Ablieferung eines Exemplars an die Stadtbibliothek verlangt, auf dessen Titelblatt der Name des Abliefernden und das Datum der Ablieferung vermerkt sein soll.***) Die Erwähnung des Titelblatts macht es nur zweifelhaft, ob auch andere als literarische Werke der Bestimmung unterworfen werden. — Die zweite Gruppe von Territorialrechten erfordert zwar nicht zur Klageanstellung, aber doch zur Erbringung des dem Autorberechtigten obliegenden Beweises gewisse Förmlichkeiten. Hierher ge-

---

*) Bair. Ges. v. 15. April 1840 Art. 5.

**) Arrêté v. 2. Januar 1817 Art. 6 und Verordn. v. 28. November 1832 Art. 2.

***) Hamburger Raths- und Bürgerschlusss v. 25. November 1847 Art. 11.

hören Holstein*), Lübeck**) und Sachsen***), wo überall, meist sogar unter Einreichung von einem oder mehreren Exemplaren, die Anmeldung bei einer administrativen Behörde zu bewirken ist zur Sicherung des Beweises dass und wann das Werk erschienen sei. Dieses System ist der Freiheit des artistischen Verkehres insofern günstiger, als nur, wenn es zum Beweise kommt, die Unterlassung jener Formalien die Abweisung der Klage nach sich zieht, dagegen wenn die Priorität und Originalität des nachgebildeten Werkes zwischen den Parteien unstreitig ist, trotz der Unterlassung der im Civilprocesse verfolgte Schadenanspruch immer noch aufrecht erhalten werden kann. Uebrigens ist in Lübeck wegen der Erwähnung des Wortes Titelblatt in der betreffenden Vorschrift zweifelhaft, ob die ganze Formalität sich auch auf den artistischen Verkehr beziehen solle.

Eine dritte Gruppe von Gesetzen, nämlich das preussische†), sachsen-weimarische††), das braunschweigische†††) und das österreichische*), schreiben weder für die Klageanstellung, noch für den Beweis Formen

---

*) Holst. Kanzleipatent v. 23. März 1839 Art. 3 und Verordn. v. 6. April 1839.

**) Lübeckische Verordn. v. 31. Juli 1841 §. 7.

***) Sächs. Ges. v. 22. Februar 1844 §. 14 und die Ausführungsverordnung de eod. ad §. 14 a—f.

†) Preuss. Ges. v. 11. Juni 1837 §. 27. 28.

††) Sachs.-Weim. Ges. v. 11. Januar 1839 §. 27. 28.

†††) Braunschw. Ges. v. 10. Februar 1842 §. 10.

*) Oesterr. Ges. v. 19. Oct. 1846 §. 10.

vor, aber bei Veräusserung des Kunstwerks oder einer Copie soll der Urheberberechtigte durch gehörige Anmeldung sich sein Ausschliessungsrecht gegen Nachdruck vorbehalten, widrigenfalls dasselbe durchaus verloren geht.

Man muss sich gegen alle derartige Formvorschriften sowol im Interesse des praktischen Verkehrs als der juristischen Consequenz erklären. Dass den Urhebern von Kunstwerken dadurch eine grosse Unbequemlichkeit verursacht wird leuchtet von selbst ein und ist von der preussischen Regierung bei Gelegenheit der mehrerwähnten Petition anerkannt worden.*) Zur Aufrechterhaltung der Formalien dagegen ist von derselben angeführt:

1) Dass auch den Künstlern die mit ihren Erzeugnissen Geschäfte zu machen beabsichtigen, die Beobachtung der zum Schutze des Verkehrs im Handel und der Industrie gebotenen gesetzlichen Vorkehrungen zugemuthet werden müsse. Da der Urheber die Anmeldung in seiner Gewalt hat, so scheint sich hinter diesem Einwande der Gedanke zu verbergen dass durch Versäumniss der Förmlichkeit manches Werk zum Besten der Industrie gemeinfrei werde. Es ist aber ungerecht, durch Rechtsvorschriften den Einzelnen in die Lage zu bringen, sein Recht unfreiwillig zu verlieren. Will man die Förmlichkeit dahin auffassen, dass der Künstler durch absichtliche Nichtanmeldung sein Werk dem gemeinen Besten zu opfern öffentlich könne erklären, so ist für diesen

*) Vgl. Neunter Bericht der Petit.-Commission des preuss. Abg.-Hauses S. 54. 55 der Sess. 1861.

gewiss sehr seltenen Fall eher ein Register der gemeinfreien als der geschützten Werke zu empfehlen.

2) Dass vor Emanation des Gesetzes vom 11. Juni 1837 die Academieen der Künste und Wissenschaften gutachtlich gehört worden und erklärt hätten, dass der rechtmässige Besitz eines Kunstwerks auch dessen Vervielfältigungsrecht einschliesse, so weit letzteres nicht vor der Veräusserung des Originals dem Künstler oder dessen Rechtsnachfolger ausdrücklich vorbehalten sei. Allein aus diesem Gutachten würde höchstens der stillschweigende Uebergang des Urheberrechtes auf den Erwerber des körperlichen Eigenthums am Original folgen, nicht aber, wie das preussische Gesetz gerade vorschreibt, der völlige Verlust desselben, d. h. die Nachbildungsfreiheit auch für jeden Dritten. Ueberdies existirt nach den obigen Ausführungen (§. 1) ein Rechtsschutz des Kunstwerks erst seit 1837, die Academie der Künste und Wissenschaften wird also damals wenig Erfahrung über die practischen Nachtheile der von ihr begutachteten Bestimmungen gehabt haben.

3) Dass in Frankreich ähnliche Formalvorschriften für sehr wichtig gehalten würden. Allein es ist erst der Beweis zu gewärtigen, dass der Flor des artistischen Verkehres in Frankreich diesen Formalien und nicht vielmehr der Energie zu danken sei, mit der dort jede Art von Nachbildung untersagt wird.

4) Dass Beschwerden über die gerügten Bestimmungen dem Ministerium bisher nicht bekannt geworden, die Nützlichkeit derselben auch überall anerkannt sei. Dies

widerlegt sich dadurch dass, abgesehen von vereinzelten Fällen, mehr als 200 preussische Künstler laute Klage durch ihre Petition erhoben haben.

5) Dass die Formvorschriften im eigenen Interesse der Künstler seien, da sie ihm für die Zukunft den Beweis seiner Urheberschaft des Werkes sichere. Dies ist vollkommen falsch, denn wenn im Nachbildungsprocesse bestritten wird dass der welcher die Anmeldung des Werkes bewirkt hat der Urheber oder sein Rechtsnachfolger sei, so ist dies auf andere Art als durch die Anmeldung nachzuweisen.

Zur Darlegung der Nachtheile die aus allen Formalien dem practischen Verkehre entstehen, hatte die erwähnte Petition hervorgehoben und wird hiemit wiederholt dass dem Künstler, wolle er nach dem preussischen System nicht sein Recht verlieren, auferlegt werde jedes Werk anzumelden, selbst vor beabsichtigter Vervielfältigung. Denn wenn er diesen Entschluss nach der Veräusserung des Originals fasse, so habe er ohne frühere Anmeldung sein Recht bereits eingebüsst. Dass dadurch die Führung des Registers sehr schwierig und für Dritte unübersichtlich werde, die sich von dem Schutz oder Nichtschutz eines Werkes überzeugen wollten. Dass drittens die Beschreibungen, selbst beigelegte Zeichnungen das Werk selbst nicht immer ganz sicher erkennbar machen, namentlich bei kunst-industriellen und ornamentalen Werken die einander sehr ähnlich sähen. Dass endlich die Beschreibung und eventuelle Zeichnung des Werkes bei grossartigem Betriebe von Originalvervielfältigungen zeitraubend und somit kostspielig sei. Gegen alle diese Gründe ist eine wirkliche Widerlegung von Seiten der preussischen Regierung nicht erbracht worden.

Zu diesen practischen treten noch gewichtigere Gründe juristischer Consequenz. Ohne Zweifel besteht der Rechtsgrund für das Urheberrecht in der Thatsache dass der Künstler sein Werk mit seiner Thätigkeit hervorgebracht hat. Seine Befugniss ist also ohne allen Zusammenhang mit dem am Werke bestehenden körperlichen Eigenthum. Das letztere mag sich, bei wem immer, befinden, dem Urheberrechte wird an sich dadurch nicht präjudiciert und der bei Veräusserung des Werkes im preussischen und anderen Gesetzen vorgeschriebene Verlust desselben ist durchaus willkürlich. Nach allen deutschen Landesrechten wird dem Art. 1 des Bundesbeschlusses vom 9. November 1837 gemäss der Urheber unbedingt geschützt schon bevor er das Werk, oder wenn er es überhaupt nicht in kunsthändlerischen Verkehr brachte. So lange das Werk z. B. im Atelier steht kann es nicht ohne Bewilligung des Urhebers nachgebildet werden. Es kann also überall vorkommen, dass nicht erschienene Werke Gegenstand eines Nachbildungsprocesses sind, ohne dass für die Rechtssicherheit des ursprünglichen Werkes irgend eine Formalität zu erfüllen wäre. Zweifelhaft könnte dies nur nach der kurhessischen Verordnung vom 8. April 1855 §. 1 sein wonach die Anmeldung des Werkes zu jeglichem Schutz gegen Nachbildung schon vor begonnener Vervielfältigung geschehen sein muss*).,

*) Gedruckt ist diese Verordn. nur in dem sorgfältigen

Alle übrigen Gesetze verlangen die Beobachtung von Formalien nur im Moment des Erscheinens d. h. des begonnenen kunsthändlerischen Vertriebes, oder bei geschehener Veräusserung des Originals oder einer Copie. Es ist aber schlechterdings nicht einzusehen, wesshalb die für die materielle Entscheidung des Nachbildungsprocesses ganz unerhebliche Thatsache des kunsthändlerischen Erscheinens zum Gegenstand einer Formalität gemacht wird. Stets kommt es nur darauf an, dass das eine Werk dem anderen nachgebildet sei; dazu ist nothwendig die frühere Existenz und gerade diese wird durch die vorgeschriebene Anmeldung nicht jedes Mal erwiesen. Denn auch eine nach der unbefugten Nachbildung erscheinende Vervielfältigung des Urhebers kann von einem vor derselben existierenden und ohne alle Formalitäten geschützten Originalwerk herrühren*). Eben so gleichgiltig ist der Zeitpunkt des

---

Werke von O. Wächter, das Verlagsrecht (Stuttgart 1857) S. 424 not. 17. Die bekannte 1856 erschienene Sammlung von Gesetzen und Staatsverträgen zum Schutz des lit.-art. Eigenthums von Eisenlohr hat die Verordnung nicht; auch nicht der 1857 erschienene Nachtrag dazu.

*) Es entstehen sogar praktische Schwierigkeiten durch die Einrichtung der öffentlichen Register aus denen Jeder sich die Ueberzeugung von einem an dem betreffenden Werke bestehenden Urheberrechte verschaffen soll. Z. B. Ein Orginalwerk wird ohne Wissen des Urhebers im Atelier unbefugt nachgebildet und diese Nachbildung geheim vertrieben. Der Urheber hat von der Existenz der Nachbildung noch nichts erfahren. Ein Dritter der die Nachbildung gesehen, fasst gleichfalls den Entschluss der Nach-

Erscheinens für die Dauer des Urheberrechts d. h. für die Frage, ob das Werk nicht etwa schon der allgemeinen Nachbildungsbefugniss verfallen sei. Denn hiefür ist, abgesehen von pseudonymen oder anonymen Werken der Tod des Urhebers massgebend und gerade dieser geht aus der Anmeldung nicht hervor. Am Verständigsten verhält sich noch das sächsische Gesetz vom 22. Februar 1844 §. 14 das an die Anmeldung wenigstens die Präsumtion der Autorschaft knüpft. Will man diesen Beweisvortheil dem Urheber sichern, so führe man eine allgemeine artistische Eintragsrolle ein, aber nicht obligatorisch, sondern facultativ, d. h. man stelle dem Urheber die Wahl frei, ob er seine Urheberschaft auf diese bequemere, oder auf eine andere Art beweisen will.

Aus allen diesen Gründen rechtfertigt sich der von der Berliner Commission der deutschen Kunstgenossenschaft gefasste Beschluss:

> Der Schutz ist an keine erschwerende Bedingungen geknüpft.
>
> Die Anmeldung beim Ministerium grundsätzlich und weil praktisch schwierig und zum Theil unausführbar, zu verwerfen.

Die Münchener Commission ist demselben durch

---

bildung und unternimmt dieselbe, da er im öffentlichen Register das (noch im Atelier befindliche) Werk nicht angemeldet findet. Hier ist der Dritte bona fide der vollkommen begründeten Nachbildungsklage des Urhebers ausgesetzt, weil das Register nicht völlig zuverlässig ist und es auch nicht sein kann.

den Beschluss beigetreten, dass das Kunstwerk absolutes Eigenthum des Urhebers und als solches unantastbar ist. (Vgl. oben §. 2 gegen Ende.)

§. 4.
Gegenstand des künstlerischen Urheberrechtes.

Die Ausdrücke der Gesetze weichen sehr ab unter einander in der Bezeichnung der gegen unbefugte Nachbildung zu schützenden Werke. Die deutsche Bundesgesetzgebung*), die hamburgische**), luxemburgische***), lübeckische†), österreichische††), sächsische†††) Gesetzgebungen dehnen das Urheberrecht auf alle Werke der Kunst aus. Dadurch wird namentlich die Grenze gegen die Poesie deren Erzeugnisse in den literarischen Verkehr fallen nicht scharf genug gezogen. Andere Gesetze wollen unter mehr oder weniger allgemeinen Ausdrücken, wie Originalwerke der Kunst oder Erzeugnisse der Kunst, nur Zeichnungen, Malereien und plastische Werke geschützt sehen. So Braunschweig*),

---

*) Bundesbeschl. v. 9. November 1837 Art. 1.

**) Hamburger Rathschluss v. 16. März 1838 Art. 1 und der Hamburger Raths- und Bürgerschluss v. 25. November 1847 Art. 1.

***) Arrêté du 2. Januar 1817 Art. 1. Beschluss v. 13. Juli 1838 Art. 3.

†) Verordn. v. 31. Juli 1841 Art. 1.

††) Oesterr. Ges. v. 19. Oct. 1846 §. 1.

†††) Sächs. Ges. v. 22. Februar 1844 Art. 1.

*) Braunschw. Ges. v. 10. Februar 1842 §. 10.

Baiern*), Preussen**) und Sachsen-Weimar-Eisenach***). Werke der Baukunst sind demnach in diesen Ländern der Nachbildung preisgegeben, was das bairische Gesetz Art. II. ad 1 auch ausdrücklich hervorhebt. Dennoch ist für die Ausschliessung der Architectur vom Urheberrechte kein Grund vorhanden, weil alle Rücksichten welche dem Künstler überhaupt zur Erlangung eines Rechtsschutzes zur Seite stehen, in gleich ausgedehntem Maasse für den Baumeister gelten. (Vgl. oben §. 2.) Dies scheint auch dem bair. Gesetze zu Grunde zu liegen, wenn es Art. II. No. 1 bei der allgemeinen Freigebung der Bauwerke den Vorbehalt „bezüglich ihrer Nachbildung zu treffender Anordnungen“ hinzufügt.

Auch in der wissenschaftlichen Literatur ist ein festes und ausreichendes Gesammtcriterium nicht angegeben. Denn wenn Oscar Wächter†) die allgemeine Bezeichnung des Objects für den künstlerischen Rechtsschutz in dem Ausdrucke: artistisches Erzeugniss finden will und darunter versteht „eine mit den der Kunst eigenthümlichen Mitteln dargestellte geistige Hervorbringung, welche in den artistischen Verkehr einzutreten geeignet ist“, so ist zu erwidern, was auch schon oben (§. 2) bemerkt worden, dass niemals mit völliger Sicherheit behauptet werden kann, ein Werk sei in den artistischen Verkehr einzutreten ungeeignet. Was für den gegen-

*) Bair. Ges. v. 15. April 1840 Art. I. und II. ad 1.

**) Preuss. Ges. v. 11. Juni 1837 §. 21, 22.

***) Sachs.-Weim.-Eis. Ges. v. 11. Januar 1829 §. 21, 22.

†) Verlagsrecht S. 116 f. verb. mit S. 114 f.

wärtigen Verkehr ganz unmöglich ist, kann sich für denselben in späterer oder früherer Zeit sehr wol schicken. Die von Jolly *) aufgestellten Criterien eines Kunstwerks sind ebenfalls ungenügend und von Wächter a. a. O. mit Recht widerlegt worden.

Die deutsche Kunstgenossenschaft schlägt nach sorgfältiger Prüfung im Schosse der besonderen Commissionen die Wahl des Ausdrucks vor:

Werke der bildenden Künste.

Es werden durch denselben alle literarischen und musikalischen Werke ausgesondert deren Rechtsschutz auf anderen thatsächlichen Voraussetzungen ruht.

Die Gefahr wird kaum zu befürchten sein dass auch rein industrielle Muster z. B. in seidenen Stoffen u. dgl. darunter mitbegriffen seien, die in vielen deutschen Bundesländern keines Rechtsschutzes geniessen. Denn zu einem Werke der bildenden Kunst gehört nicht bloss dass die Thätigkeit des Zeichnens, Färbens, Modellierens u. s. w. zu seiner Herstellung überhaupt nothwendig, sondern namentlich dass dieselbe die vorwiegende sei, was im einzelnen Falle durch Sachverständige mit Sicherheit entschieden werden kann.

Ausserdem können unter Werken der bildenden Künste auch Arbeiten begriffen werden, welche obwohl nur rechtmässige Nachbildungen eines anderen Originals doch naturgemäss einen Anspruch auf Schutz machen dürfen. Wenn nämlich Jemand auf den Gedanken ver-

*) Lehre v. Nachdruck S. 129 ff.

fällt ein anderes Werk nachzubilden, sei es dass er demselben, als einem gemeinfreien, gegenüber, der Erlaubniss eines Urheberberechtigten gar nicht bedarf, sei es, dass er im entgegengesetzten Falle eine solche für sich erwirkt hat, so wird er sich in seinem Interesse durch fernere Nachbildungen seines eigenen Werkes erheblich beeinträchtigt fühlen. Wer z. B. zur Nachbildung eines Rafaelischen Originals nach Italien reist, würde seine Mühe und Kosten schlecht ersetzt sehen, wenn in ganz Deutschland Nachbildungen seines Werkes, die durch Ersparung jener Reisekosten beträchtlich billiger zu stellen sind, ihm in seinem Vervielfältigungsunternehmen Concurrenz machen dürften. Der Staat hat aber wie bei jedem originalerfindenden Künstler, so auch hier das Interesse, Kunstwerke (gemeinfreie oder nicht) auf rechtmässige Weise verbreitet und mitgetheilt zu sehen. Er muss derartigen Bestrebungen durch rechtliche Sicherung eines Gewinnes jedweden Vorschub zu leisten suchen. In der That lässt sich auch für die Nachbildung solcher erlaubter Nachbildungen kein Rechtsgrund anführen. Denn ist das eigentliche Originalwerk noch durch das Urheberrecht geschützt, so erscheint die zweite Nachbildung einer rechtmässigen (ersten) Nachbildung stets auch als Nachbildung des Originals und somit als Verletzung des Urheberrechtes. Alle rechtmässigen Nachbildungen des geschützten Originalwerkes sind durch die Genehmigung des Urheberberechtigten so anzusehen, als wären sie von diesem Letzteren selbst veranlasst, sie geniessen also zu Gunsten ihres Unternehmers denselben Rechtsschutz, wie für den Urheber selbst, wenn dieser selbst eine Nachbildung veranstaltet hätte. Der Einwand dass der Producent einer berechtigten Nachbildung sich das Recht des Urhebers übertragen (cedieren) lassen könne, ist dogmatisch unbegründet und practisch oft nicht ausführbar, weil der Urheber vielleicht zwar wol einem Andern eine Nachbildung bis zu einem gewissen Grade gestatten, darum aber sich selbst, wie bei Cession des Urheberrechtes geschähe, von eigener Veranstaltung einer Nachbildung nicht ausschliessen will. — Ist das Originalwerk dagegen gemeinfrei, so ist die directe Nachbildung desselben allgemein erlaubt. Daraus folgt aber nicht dass auch jede Nachbildung dieses Werkes gemeinfrei sei. Mehrere können durch unmittelbare Abbildung eines Werkes sehr wol mit einander in Concurrenz treten, nicht aber dadurch dass eine Nachbildung eine andere Nachbildung zum Muster nimmt.

Mit Recht wird daher im preussischen*), braunschweigischen**), sachsen-weimarischen***) Gesetze der Rechtsschutz derartiger rechtmässiger Nachbildungen ausdrücklich ausgesprochen. Zu beschränkt ist das hier gegebene Recht aber dadurch dass der Schutz nur ertheilt wird, wenn die rechtmässige Nachbildung auf einem andern Kunstverfahren beruht.

Danach würde eine mühsame Oelcopie eines Oel-

*) Ges. v. 11. Juni 1837 §. 29.

**) Ges. v. 10. Februar 1840 §. 7.

***) Ges. v. 11. Januar 1839 §. 29.

bildes keinen Schutz geniessen, wol aber die fast mühelose, rechtmässige Photographie. Ein Grund für eine solche Unterscheidung ist nicht ersichtlich. Dieser Einwurf ist auch gegen den Gesetzentwurf des Leipziger Börsenvereins vom Jahre **1857** §. **42** zu richten der sonst das Princip anerkennt. Letzterer hat jedoch eine zweite ungerechtfertigte Beschränkung des preussischen und sachsen-weimarischen Gesetzes richtig vermieden, dass nämlich der Rechtsschutz nur so lange gewährt wird als die Platten, Formen u. s. w. der berechtigten Nachbildung brauchbar sind.

Einer solchen relativen, für Dritte nicht verkennbaren Fristbestimmung für die Dauer des Schutzes stehen die grössesten praktischen Bedenken entgegen. Die recht gute Ausführung in den Motiven zum Commissionsentwurfe des Leipziger Börsenvereins — ad §. **47** S. **134** f. — wird in dieser Beziehung vollständig anerkannt.

Ausser den genannten Gesetzen schliessen die übrigen Landesrechte einen Schutz berechtigter Nachbildungen zwar nicht aus, überlassen aber hierüber, indem sie nur künstlerische Erzeugnisse oder Werke der Kunst im Allgemeinen schützen, der sehr schwankenden richterlichen Interpretation die Entscheidung. Ein in dieser Beziehung berühmter Rechtsfall (P. Löhle in München contra Payne in Leipzig), hatte in Baiern zur richterlichen Anerkennung des Schutzes, in Sachsen zur Ablehnung desselben geführt. Uebrigens darf man die Bestimmung des österreichischen Gesetzes*) dass wo

*) v. 19. October 1846 §. 3 ad 3.

dem Originalwerk die Nachbildungen des Urhebers oder seiner Rechtsnachfolger gleichgestellt, und somit geschützt werden, nicht mit der gegenwärtigen Frage in Zusammenhang bringen. Denn wer mit Erlaubniss des Urhebers eine Vervielfältigung veranstaltet ist nicht Rechtsnachfolger (Cessionar) des Urhebers (vgl. darüber oben in diesem Paragraphen).

Die Münchener Commission hat die in diesem Paragraphen erörterten Verhältnisse in dem Beschlusse zusammengefasst:

> Auch das Exemplar einer gesetzlich gestatteten Nachbildung (Kupferstich, Lithographie etc.) gilt neuen Vervielfältigungen gegenüber als Original,

während die Berliner Commission allgemeiner sich dahin ausspricht:

> Der Ausdruck „bildende Künste“ umfasst alle hier in Betracht kommenden Zweige der Kunst und schliesst alle nicht hieher gehörende aus.

§. 5.

Umfang und Ort der ausgeschlossenen Nachbildung.

Das Interesse des Urheberberechtigten fordert Ausschliessung jedes Productes das seinem Vertriebe Concurrenz machen würde und auf originale Weise nicht entstanden ist. Als Criterium der nichtoriginalen Entstehung eines Werkes bestimmen nach Massgabe der

Bundesgesetzgebung*) fast alle Landesrechte die Hervorbringung derselben auf mechanischem Wege. Für dergleichen gesetzliche Requisite ist es stets ein bedenkliches Zeichen, wenn für ihre Anwendung ein völlig normaler Fall nicht gefunden werden kann. Eine rein mechanische Thätigkeit ist nicht denkbar; denn selbst der Setzer der ein Manuscript absetzt, der Former und Giesser der ein plastisches Modell reproducirt, kann ein gewisses Mass geistiger Anstrengung, Umsicht und Aufmerksamkeit nicht entbehren. Doch ist es nur die Negation des Geistigen was den Begriff des Mechanischen, namentlich in dem vorliegenden Verhältnisse, ausmachen soll. Aber auch, wenn man in einem weiteren Sinne, die vorwiegend geistige, oder nicht geistige Thätigkeit über die Anwendbarkeit des Begriffs vom Mechanischen entscheiden lässt, so ist eine Reihe von Fällen höchst unverdienter Weise dem Verbote des Urheberrechtes entzogen, die nur durch eine Inconsequenz gegen das Princip unterdrückt werden können. In der Literatur sind es Auszüge und Uebersetzungen, in der Musik Arrangements und Variationen, welche offenbar nicht auf mechanischem Wege entstanden, dem Originalwerke dennoch eine gefährliche Concurrenz bereiten. Die Gesetzgebungen haben dieselben unter grösseren oder geringeren Modificationen untersagt. Für den artistischen Verkehr ist der Grundsatz in Betreff der mechanischen Nachbildung in sofern verlassen worden, als oft mechanische

---

*) Bundesbeschluss v. 9. November 1837 Art. 1.

Nachbildungen welche trotz einzelner Abweichungen sich als eigenthümliche Kunstwerke nicht darstellen, unter das Verbot subsumirt werden. So in Preussen*), Sachsen-Weimar**) und Oesterreich***). Trotz dieser Beschränkung ist das Verbot einer einfachen Copie wenigstens zweifelhaft, da diese, obzwar kein eigenthümliches Kunstwerk, auf streng mechanische Weise überhaupt nicht hervorgebracht zu sein pflegt†).

Bei einem so zweifelhaften und durch viele Ausnahmen durchbrochenen Grundsatze rechtfertigt sich das Bestreben ihn durch einen einfacheren, consequentere Durchführung zulassenden zu ersetzen.

Es ist kein Fall denkbar wo eine wirkliche Nachbildung eines Originalwerkes nicht auch nach den allgemeinen Gründen des Urheberrechtes ungerecht und zu verbieten wäre (vgl. ob. §. 2). Jede Nachbildung bildet eine nothwendig (immanent) vortheilhaftere Concurrenz gegen den Originalunternehmer und verletzt somit das Urheberrecht. Ob ein Werk dem anderen nachgebildet sei, kann durch Sachverständige in jedem Falle mit Sicherheit erkannt werden, so dass durch diese ohnehin nicht zu vermeidende Herbeiziehung sachkundiger Beurtheilung das thatsächliche und rechtliche Fundament für die richterliche Entscheidung gesichert wird. Man thut

---

*) Ges. v. 11. Juni 1837 §. 23.

**) Ges. v. 11. Januar 1839 §. 23.

***) Ges. v. 19. October 1846 §. 9.

†) Von sogen. Maschinencopien wird natürlich abgesehen.

daher am besten, die Thatsache der Nachbildung an und für sich, wie immer sie auch zu Stande gekommen sein mag, für das artistische Urheberrecht zum Princip zu erheben. Bereits geschehen ist dies in den Gesetzen von Baiern*), Braunschweig**), Sachsen***) und Luxemburg†) und auf rühmenswerthe Weise im Entwurfe des Leipziger Börsenvereins §. 40 und in dem dazu gehörigen Commissionsentwurfe §. 41. 42 mit Motiven S. 120 zur Annahme empfohlen worden.

Jede Nachbildung eines Kunstwerkes welches ein Surrogat oder eine vollständige Reproduction desselben darstellt ist gesetzlich zu untersagen. Dabei versteht es sich freilich von selbst, dass Nachbildungen die nur zum Privatgebrauche und Studium angefertigt werden nach dem Gesetze nicht ausgeschlossen werden sollen.

Denn nur die Concurrenz mit dem Originalunternehmer bildet die ratio legis, nicht das Vorhandensein eines Abbildes an sich.

Nach diesen Grundsätzen sind als verbotene Nachbildungen anzusehen.

1) Die unbefugte Copie, denn sie ist offenbar geeignet, das Originalwerk zu ersetzen, die gute Copie in den Augen des feinen Kenners, die schlechte Copie wenigstens in den Augen der grossen Menge.

---

*) Ges. v. 15. April 1840 Art. 1.

**) Ges. v. 10. Februar 1842 Art. 8.

***) Ges. v. 22. Februar 1844 §. 2.

†) Loi du 2. Januar 1817 Art. 1 (Droit de copie).

2) Die nachbildende Umwandlung eines Werkes der Kunst von einer Darstellung auf der Fläche in eine plastische Darstellung und umgekehrt. Wer ein Bild eines Gegenstandes hat, kauft in der Regel eine Statue oder reliefartige Darstellung desselben nicht und vice versa. Jede dieser Formen, obwohl auf verschiedenen Grundbedingungen beruhend, ist nach den thatsächlichen Anschauungen des Publikums ein Surrogat der anderen. Der Absatz der einen beeinträchtigt den der andern.

3) Die Nachbildung von Werken der Kunst durch Manufacturen, Fabriken oder Handwerke. Es versteht sich von selbst, dass alle durch Fabriken u. dgl. hervorgebrachte Reproductionen in der Regel sogar auf vorwiegend mechanischem Wege entstanden jedenfalls dem Principe nach als unbefugte Nachbildungen zu betrachten sind. Dennoch lassen einige Landesrechte dieselben zu, nämlich das preussische*), braunschweigische**), österreichische***) und sachsen-weimarische†). Der Grund principiell so wenig consequenter Bestimmungen wird in dem Interesse des Handels und der Gewerbe gefunden. Es lässt sich freilich nicht leugnen, dass der industrielle Unternehmer derartiger Nachbildungen mit verhältnissmässig geringen Kosten einen leichten Gewinn machen kann. Geschmälert wird ihm derselbe aber durch

---

*) Ges. v. 11. Juni 1837 §. 25.

**) Ges. v. 10. Februar 1842 §. 9 ad 3.

***) Ges. v. 19. October 1846 §. 9 ad b.

†) Ges. v. 11. Januar 1839 §. 25.

die freie Concurrenz die auch allen übrigen Fabrikanten u. dgl. die Nachbildung desselben Originalwerkes frei stellt. Gerade hierdurch wird im Allgemeinen das Bestreben nach möglichst billiger Production von industriellen Nachbildungen erzeugt und der allgemeine Effect ist Verschlechterung der Waare. Ist demnach schon der Zustand dieser Gewerbthätigkeit qualitativ nicht zu loben, so trifft den producierenden Künstler ein ebenso empfindlicher als principiell ungerechter Schade. Nach der gegenwärtigen Lage des Handels sind gerade industrielle Nachbildungen die häufigsten und, weil sie sich mit einem Gebrauchsgegenstande verbinden, die verbreitetsten. Fast kein Künstler produciert desshalb zu derartigen Zwecken dienende Werke und wenn er es thut, so sieht er sein Werk bald in einer Unzahl von unbefugten Nachbildungen wiedergegeben und verunstaltet. Nur französische Werke die im allgemeinen in Deutschland nachgebildet werden dürfen beherrschen demzufolge die Kunstindustrie. (Vgl. oben §. 1.)

Zu allem dem kommt hinzu dass die gesetzliche Freigebung industrieller Nachbildungen geradezu bundeswidrig ist. Denn Art. 1 des Bundesbeschlusses vom 9. November 1837 verbietet zu Gunsten des Urhebers jede mechanische Vervielfältigung eines Werkes der Kunst. Die beregten Nachbildungen stellen sich fast immer als rein mechanische dar, sollten also nach Bundesrecht verboten sein. Das preussische, braunschweigische, sachsenweimarische und österreichische Recht schreibt also einen engeren Schutz vor als der deutsche Bund dessen Normen doch das Minimum für ganz Deutschland fesstellen sollen.

Bei Gelegenheit der mehrerwähnten preussischen Künstlerpetition war auch dieser Grund angeführt, von der preussischen Regierung jedoch als ein thatsächlicher und rechtlicher Irrthum bezeichnet worden*). Denn der Bundesbeschluss vom 9. November 1837 sei ganz nach dem Muster des damals vorliegenden preussischen Gesetzes vom 11. Juni 1837 zu Stande gekommen und die im Art. 1 des Bundesbeschlusses bezeichneten Werke der Kunst welche ohne Einwilligung des Urhebers nicht vervielfältigt werden dürfen seien eben nur diejenigen Kunstwerke, denen die §§. 21—24 des preuss. Gesetzes vom 11. Juni 1837 ebenfalls vollständigen Schutz gegen Vervielfältigung gewährt haben. Mit anderen Worten, der Bundesschutz soll nur die im preussischen Gesetze anerkannte Ausdehnung vor Augen haben, er soll also geflissentlich die im §. 25 des preuss. Gesetzes hinsichtlich der industriellen Nachbildungen gemachte Ausnahme von jenem Schutze gelten lassen. Dies widerspricht indessen den Grundregeln der juristischen Interpretation. Es ist allbekannt, dass das preussische Gesetz dem Bundesbeschlusse vom 9. November 1837 zu Grunde gelegen, es mag zugegeben werden, dass die Bundesversammlung den in jenem Gesetze enthaltenen Rechtsschutz mit allen seinen Ausnahmen, namentlich mit der im §. 25 ausge-

*) Vgl. Neunter Bericht der Commission für Petitionen Sess. 1861. S. 49 f.

sprochenen habe annehmen wollen. Diese Absicht der Bundesversammlung musste aber, um rechtliche Verbindlichkeit zu erlangen, im Bundesbeschlusse ausgesprochen werden. Dies ist weder im Art. 1 desselben noch sonst irgendwo geschehen, vielmehr der Schutz gegen mechanische Vervielfältigung ausnahmslos hingestellt, der Conflict mit der Ausnahme des preussischen Gesetzes also nicht abzuleugnen. Es kann hiebei nicht im Entferntesten an eine böse Absicht der preuss. Regierung gedacht werden, gerade für die damalige Zeit verdient die edle, wol nachahmenswerthe Energie derselben zu Gunsten des literarischen und künstlerischen Urheberrechts die rückhaltloseste Anerkennung. Um so weniger sollte man aber auch jetzt Anstand nehmen die erörterte zwar vermeidbare, aber doch nicht völlig unverzeihliche Incongruenz einfach zuzugeben.

In ihrem Streben für die gesetzliche Zulassung industrieller Nachbildungen hat die preussische Regierung ferner angeführt, dass die Beseitigung jener Nachbildungsfreiheit nichts Anderes enthalte, als die Einführung eines Musterschutzgesetzes, welchem indessen bei der Vielgliedrigkeit Deutschlands und der Autonomie seiner Staaten die erheblichsten practischen, auch mehrfach anerkannten Bedenken entgegenständen. Es ist indessen ein grosser Unterschied, ob Werke der bildenden Künste gegen die Benutzung als industrielle Muster geschützt werden, oder ob jedes rein industrielle Erzeugniss, z. B. ein Muster für Wollenwaaren, zum Gegenstand eines derartigen Rechtsschutzes gemacht wird. Allerdings mögen der Durchführung eines allgemeinen, für jedes industrielle Product geltenden Musterschutzgesetzes manche practische Schwierigkeit hinderlich sein, aber auch für den hier in Anspruch genommenen Schutz von Kunstwerken, die von jedem anderen industriellen Erzeugniss stets sicher unterschieden werden können, sind gerade die geltend gemachten Gegengründe nicht massgebend. Die Vielgliedrigkeit und die Autonomie seiner Staaten ist gerade hier am wenigsten zu fürchten, weil ausser den genannten Landesgesetzen alle übrigen einen Schutz gegen industrielle Nachbildung gewähren, der nur eben deshalb zur Belebung der Kunstindustrie nicht recht wirksam ist, weil so angesehene Länder wie Preussen und Oesterreich denselben versagen. Aber bei keiner Gelegenheit werden dergleichen Hindernisse leichter überwunden werden können, als bei der Vorbereitung eines gemeinsamen Gesetzes über das Urheberrecht.

In der preussischen Petititon war endlich zu Gunsten des hier beregten Zweckes auf das Beispiel Frankreichs hingewiesen worden. Die preussische Regierung hat dem gegenüber principielle Verschiedenheit des französischen Systems, das die Idee an sich, abgesehen von der Form schütze, von den deutschen Gesetzgebungen behauptet, welche letzteren, namentlich die preussische, bloss die bestimmte Form, in welcher der schriftstellerische und künstlerische Gedanke in die äussere Erscheinung getreten, Schutz gegen Nachbildung gewähren. Im Sinne des preussischen Rechts sei es daher nur consequent, wenn dasselbe, nicht, wie Frankreich, verbiete, sondern erlaube dass ein Kunstwerk der Malerei in eine Statue, eine Statue in das Muster eines Schnupftuches, die Arabeske eines Stückarbeiters auf eine Papiertapete übertragen werde. Man müsse das deutsche System verlassen, zu dem französischen übergehen, wenn man zu den entgegengesetzten Bestimmungen gelangen wolle. — Zunächst ist es unrichtig, dass das preussische Gesetz nur die bestimmte Form eines Kunstwerks in der der Gedanke zur Erscheinung gekommen sei zum Gegenstande des Urheberrechtes mache. Denn nach § 23 des preuss. Gesetzes werden alle Nachbildungen verboten die trotz mancher Abweichungen von der Form des Originalwerkes sich nicht als eigenthümliche Kunstwerke darstellen. Nach ihren eigenen Behauptungen und Beispielen hätte die preussische Regierung den in Berufung genommenen Grundsatz dahin ausdrücken müssen, dass das Kunstwerk nur gegen Nachbildungen desselben allgemeineren Kunstzweiges geschützt werde, Darstellungen auf der Fläche gegen Nachbildungen auf der Fläche, Darstellungen im Raume gegen gleichartige Nachbildungen. Dieses Princip vertritt § 24*) des preussischen Gesetzes und wenn keine andere als die

*) Auch dieser §. 24 ist indessen im Sinne des angeblich französischen Systems durch §. 1 und 4 des Ges. v. 20. Februar 1854 modificiert worden, wodurch Nachbildung von Flächendarstellungen durch die Plastik und umgekehrt verboten werden, wenigstens wenn das Nachbildungsverfahren rein mechanisch war.

von der Regierung beispielsweise genannten industriellen Nachbildungen vorkämen, z. B. die einer Statue als Muster eines Schnupftuches, so würde § 24 zu ihrer Freigebung vollkommen ausgereicht haben. Des hier beregten § 25 der jedwede industrielle Nachbildung unbeschränkt gestattet, hätte es dann nicht bedurft. In der That sind aber die meisten Nachbildungen keine Umwandlungen des Originalwerkes in eine andere Darstellungsweise. Wie schon im Schosse der preussischen Commission vortrefflich hervorgehoben worden, ist ein Grund für die Erlaubniss des sehr häufig vorkommenden Falles nicht einzusehen, wenn einer Venusstatue eine Lampe aufgesetzt wird, um sie als Lampe, einer Thiergruppe eine Platte untergelegt wird, um sie als Briefbeschwerer zu verkaufen.

Damit sind die Gründe gegen die hier vertheidigte Ausdehnung des Urheberrechtes auf industrielle Nachbildung erschöpft. Denn die von einem ungenannten, angeblich besonders competenten Mitgliede der Commission in der Commissionssitzung und vom Abgeordneten Herrmann in der Plenarsitzung vom 5. Juni 1861 gemachte Bemerkung dass dadurch die Interessen der Industrie verlezt würden und dass die Künstler eben Industrielle seien, ist in sich so unklar und unbegründet, dass eine Widerlegung nicht möglich ist. Uebrigens haben 43 der allernamhaftesten Industriellen in einer besonderen Petition gegenüber der Auffassung dass durch Verbot industrieller Nachbildungen der Industrie Nachtheile entständen, erklärt dass sie durch dasselbe ihre geschäftlichen Interessen nicht gefährdet, sondern gefördert sehen würden.

Nur zu billigen ist dass der Gesetzentwurf des Leipziger Börsenvereins § 43 al. 2 und namentlich die Motive des dazu gehörigen Commissionsentwurfs § 43 S. 128 die gleichen eben erörterten Grundsätze anerkennen.

Die Berliner Commission hat diesen Gedanken durch folgende Beschlüsse Ausdruck gegeben:

Geschützt soll das Kunstwerk sein nicht blos gegen Vervielfältigung, sondern auch gegen Nachbildung, und zwar gegen jede Art.

Es fällt daher in der bisherigen Gesetzgebung fort:

1) Die Abhängigkeit des Verbots von der Erzeugung der Nachbildung auf **mechanischem** Wege.
2) Dass die Benutzung als Muster für Erzeugnisse der Fabriken, Manufacturen und Handwerke erlaubt sei.
3) Dass die Umwandelung des Originals von flach in erhöht und von beiden in rund und umgekehrt erlaubt sei.

§. 6.
Verlust des Rechtes an Werken der bildenden Künste.

In Braunschweig*) und Baiern**) wird die Nachbildung allgemein zugelassen von öffentlich aufgestellten

*) Ges. v. 10. Februar 1842 §. 9 ad 1.

**) Ges. v. 15. April 1840 Art. II. ad 1.

Kunstwerken. Man erblickt also in der öffentlichen Aufstellung einen Verzicht auf das Urheberrecht. Welches wol an sich zu billigende Interesse diese Bestimmung hervorgerufen hat, leuchtet ein. Aber juristisch lässt sich dieselbe mit dem Wesen des Urheberrechts nicht vereinigen. Sogar wenn der Urheber selbst die öffentliche Aufstellung bewirkte, würde daraus, als aus einer concludenten Handlung, auf einen Verzicht noch nicht geschlossen werden können. Noch viel weniger ist dies aber der Fall, wenn, wie gewöhnlich geschieht, nicht der Urheber, sondern der Erwerber des Kunstwerks die Aufstellung an einem öffentlichen Platze vornimmt. Das Recht dazu hat derselbe unbedingt als Eigenthümer des körperlichen Gegenstandes, aber es widerspricht den allgemeinen Grundsätzen, dass diese Ausübung des körperlichen Eigenthums für einen Anderen den Verlust des Urheberrechts zur Folge haben soll. Wider seinen Willen könnte auf diese Weise der Urheber der vielleicht eben im Begriffe ist eine Vervielfältigung zu veranstalten, aller seiner Befugnisse beraubt werden. Um dagegen sicher zu sein, würde der Künstler bei Veräusserung jedes Werkes ein Verbot bewilligter öffentlicher Aufstellung sich stipulieren müssen, was zu unnützen Verklausulierungen, sonst einfacher Verträge führt. Dass demnach ganz allgemein, wie es die genannten Gesetze thun, jedem Privaterwerber eine solche Vernichtung des Urheberrechts frei gegeben wird, ist gefährlich und ungerechtfertigt.

Bei Verordnung jener Bestimmungen hat man jedoch

wol mehr an die öffentliche Aufstellung eines Kunstwerks, namentlich eines Denkmals, von Staats wegen gedacht. Aber auch hier ist ein Rechtsgrund nicht ersichtlich. Wenn der Staat in lobenswerther Erkenntniss seiner Pflicht die allgemeine Nachbildung öffentlicher Kunstwerke für wünschenswerth erachtet, so hat er das Urheberrecht von dem Verfertiger des Werks oder von seinen Rechtsnachfolgern auf gesetzliche Weise zu erwerben, dasselbe aber zum allgemeinen Besten nicht auszuüben, sondern frei zu geben. Der Umstand, dass der Staat seinen Aufgaben höherer Art zu genügen hat, gibt ihm keinen Grund durch Gesetzesfiction einen Einzelnen seiner Privatrechte zu berauben.

Daher ist es zu missbilligen, dass der Entwurf des Leipziger Börsenvereins (§. **44**), abweichend von dem dazu gehörigen Commissionsentwurfe die freie Nachbildung von öffentlich aufgestellten Kunstwerken allgemein gestattet.

Die Berliner Commission der deutschen Kunstgenossenschaft glaubt deshalb im Rechte zu sein, wenn sie die Fortdauer des Urheberrechts trotz der öffentlichen Aufstellung wenigstens an Kunstwerken im Privatbesitz zur gesetzlichen Annahme empfiehlt.

§. 7.

Die internationalen Verhältnisse des Urheberrechts an Werken der bildenden Künste.

Nachdem durch Gesetz das Recht des Urhebers gegen Nachbildung seines Werkes anerkannt worden, tritt dasselbe in eine Reihe mit allen übrigen privatrechtlichen Befugnissen. In derselben Weise wie beim Ausländer jedes Privatrecht im Inlande zur Geltung gelangt, sofern es hier nur bekannt und nicht verboten ist, ebenso sollte auch der Anspruch des ausländischen Urhebers gegen Nachbildung uneingeschränkte Anerkennung finden. Es ist ein Recht aus einem veralteten Rechtszustande wo ein Urheberrecht gesetzlich nicht existierte, sondern nur im Gnadenwege durch Privilegium gewahrt wurde, wenn heute noch der Ausländer gegen einheimische Nachbildung der Regel nach keinen Schutz findet und zur Erlangung desselben ein besonderer Staatsvertrag erfordert wird. Möglichst ausgedehnte Abschliessung solcher Staatsverträge dient zur Vollziehung jener Rechtsforderung und muss in diesem Sinn dringend gewünscht werden.

In der Regel pflegen es auch nur volkswirthschaftliche Gründe zu sein, welche der völligen Gleichstellung jedes Ausländers mit dem Inländer entgegen stehen. Jede Regierung wünscht die einheimische künstlerische Production neben der ausländischen zu begünstigen, oder wenigstens nicht zu gefährden. In dieser Beziehung mag darauf geachtet werden — und das ist auch der Wunsch der deutschen Kunstgenossenschaft — dass durch gleichmässige Höhe der Eingangs- resp. Ausgangszölle nicht eine Hintansetzung der einheimischen Production dem Auslande gegenüber stattfinde.

Dagegen ist es nicht richtig, das ausländische Werk

der einheimischen Nachbildung preiszugeben. Die dadurch hervorgerufene Nachbildungsindustrie z. B. französischer Originale bringt es dahin, auch neben der vollkommen geschützten einheimischen Production durch grössere Billigkeit der Preise trotz der gewöhnlich grossen Schlechtigkeit der Waare den entschiedenen Vorrang zu gewinnen. Das Interesse ist in den betheiligten Kreisen allgemein, auch im Rechtsschutz mit den ausländischen, insbesondere mit den französischen Productionen gleichzustehen. Dadurch wird klar, wie wenig man gesonnen ist (was namentlich Industrielle zu befürchten scheinen) mit den Grundsätzen des Freihandels in Widerspruch zu treten. Freie Concurrenz des Inlandes und Auslandes aber auf der Grundlage gleicher Rechtssicherheit gegen Nachbildung ist der Grundsatz den auch die Kunstgenossenschaft anerkennt.

Jedenfalls hat der bisherige Zustand, namentlich auf dem Gebiete der Kunstindustrie zu sehr ungünstigen Resultaten geführt. Die Ausfuhr französischer kunstindustrieller Erzeugnisse nach dem deutschen Zollverein ist in ziemlich fortdauerndem Steigen.

An Pendulen die sehr oft artistischen Werth haben betrug die Ausfuhr Frankreichs nach dem Zollverein:

Jahrgänge.	Einfuhr aus Frankreich in den Zollverein.			Ausfuhr aus dem Zollverein nach Frankreich.	
1837—1846	durchschn.	208,894	Kilogr.,	durchschn.	0
1847—1856	„	30,501	„	„	0
1857	total	47,044	„	total	436
1858	„	668,589	„	„	249
1859	„	129,772	„	„	0

Kurze Waaren die hauptsächlich künstlerische Productionen enthalten:

Jahrgänge.		Einfuhr aus Frankreich in den Zollverein.			Ausfuhr aus dem Zollverein nach Frankreich.
1837—1846	durchschn.	104,575	Kilogr.,	durchschn.	83,286
1847—1856	„	72,138	„	„	69,765
1857	total	473,546	„	total	310,188
1858	„	770,162	„	„	169,414
1859	„	991,267	„	„	167,643

An Kupferstichen und Lithographien:

1837—1846	durchschn.	13,132	Kilogr.,	durchschn.	1,790
1847—1856	„	6,777	„	„	935
1757	total	14,793	„	total	4,004
1858	„	9,863	„	„	4,712
1859	„	21,543	„	„	4,554

An Marmorarbeiten (skulpiert, geformt, poliert)

1837—1846	durchschn.	0	Kilogr.,	durchschn.	9,346
1847—1856	„	11,406	„	„	223
1857	total	27,396	„	total	0
1858	„	21,742	„	„	0
1859	„	18,416	„	„	0

Die starke französische Einfuhr in den deutschen Zollverein zeigt, wie gross das artistische Bedürfniss im Publikum ist und wie mächtigen Aufschwung eine einheimische durch gehörige Rechtssicherheit ermunterte Production nehmen könnte. Ueberdies geben die obigen Sätze noch nicht das volle Maass artistischer Einfuhr an, da andere Rubriken des Tarifs wie Arbeiten aus Eisenguss, Schwarz- oder Weissblech, Kunstdrechslerwaaren, Spielwaaren, Modearbeiten in grösseren oder geringeren Quoten dazu beitragen.

Die Geringfügigkeit der Ausfuhr aus dem Zollvereine nach Frankreich die oben den Einfuhrsätzen gegenüber gestellt worden, sind nicht geeignet für den grossen Geldfluss vom Zollvereine nach Frankreich einen Ersatz zu gewähren.

Schlusswort.

In dem Vorstehenden sind die fühlbaren Mängel der deutschen Gesetzgebungen mit Nachdruck angegriffen und ohne Schonung aufgedeckt worden. Bei so dringenden praktischen Interessen schienen Freimuth und Offenheit die ersten Bedingungen eines erfolgreichen Strebens zu sein. Darum soll aber nicht verkannt werden — und die deutsche Kunstgenossenschaft spricht es ausdrücklich aus — dass die allgemeinen Prinzipien über Art und Zeitdauer des Urheberschutzes vollkommene Billigung verdienen, dass manche Einrichtungen, namentlich die der artistischen Sachverständigen-Vereine, mit grosser Weisheit eingeführt und in praktischer Uebung erhalten worden sind. Diese Einsicht und dieses Wohlwollen wird auch jetzt noch die Regierungen leiten und dieselben nach der zuversichtlichen Hoffnung der deutschen Kunstgenossenschaft zu vorurtheilsloser Erwägung der obigen Erörterungen veranlassen.

Druck von J. C. Huber in Charlottenburg.

Berichtigungen.

S. 23	Z. 3	v. u.	lies	erklären könne statt könne erklären.
S. 25	Z. 8	v. o.	„	dass Der, statt dass der.
S. 34	Z. 12	v. o.	„	erkennbar statt verkennbar.
S. 34	Z. 6	v. u.	„	Piloty und Löhle statt P. Löhle.
S. 35	Z. 6	v. u.	„	Art statt Ort.
S. 40	Z. 1	v. u.	„	schreiben statt schreibt.
S. 43	Z. 5	v. u.	„	der bestimmten statt die bestimmte.
S. 44	Z. 6	v. o.	„	verlassend statt verlassen.
S. 47	Z. 8	v. u.	„	unbewilligter statt bewilligter.
S. 49	Z. 7	v. o.	„	Rest statt Recht.

FSC
www.fsc.org
MIX
Papier | Fördert
gute Waldnutzung
FSC® C083411

Kolibri 360 GmbH
Ferdinand-Jühlke-Straße 7
99095 Erfurt, Deutschland
produktsicherheit@kolibri360.de